AF175839

Impressum
Verlag: BABADADA GmbH, Nedderfeld 112 , 22529 Hamburg
Geschäftsführer / Verlagsleitung: Harald Hof
Druck: Books on Demand GmbH, In de Tarpen 42, 22848 Norderstedt

Imprint
Publisher: BABADADA GmbH, Nedderfeld 112 , 22529 Hamburg, Germany
Managing Director / Publishing direction: Harald Hof
Print: Books on Demand GmbH, In de Tarpen 42, 22848 Norderstedt

escola
school

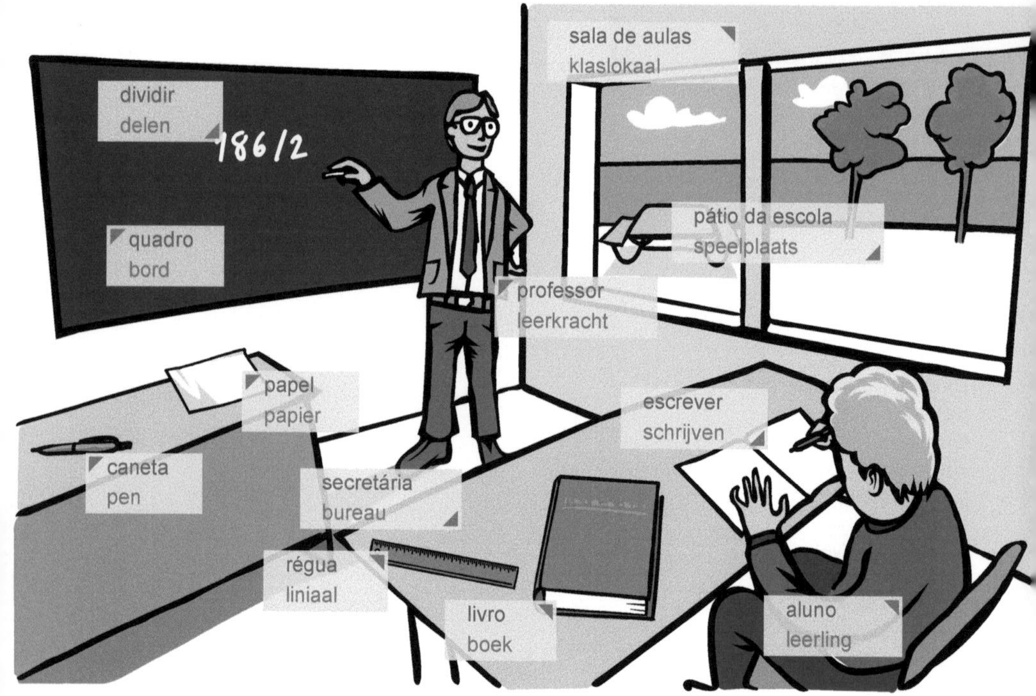

sala de aulas
klaslokaal
dividir
delen
186/2
quadro
bord
pátio da escola
speelplaats
professor
leerkracht
papel
papier
escrever
schrijven
caneta
pen
secretária
bureau
régua
liniaal
livro
boek
aluno
leerling

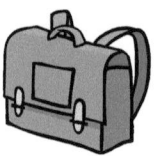

mochila

schooltas

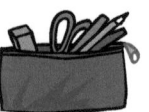

estojo de lápis

pennenzak

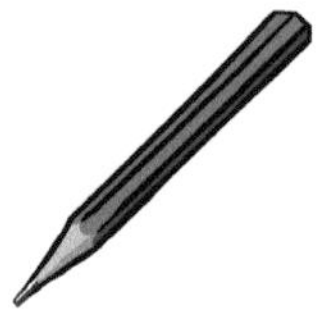

lápis

potlood

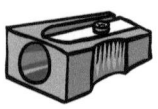

afia-lápis

puntenslijper

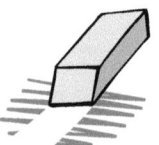

borracha

gom

bloco de desenho

tekenblok

desenho

tekening

pincel

verfborstel

caixa de tintas

verfdoos

tesoura

schaar

cola

lijm

livro de exercícios

werkboek

trabalhos de casa

huiswerk

número

nummer

somar

optellen

subtrair

aftrekken

multiplicar

vermenigvuldigen

calcular

rekenen

letra

letter

alfabeto

alfabet

palavra

woord

texto

tekst

ler

Lezen

giz

krijt

hora

les

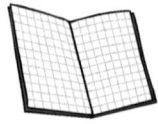

registo de presenças

klassenboek

exame

examen

certificado

certificaat

uniforme escolar

schooluniform

educação

onderwijs

enciclopédia

encyclopedie

universidade

universiteit

microscópio

microscoop

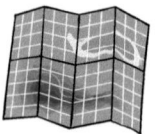

mapa

kaart

cesto de lixo

papiermand

hotel
hotel

Grand

hostel
jeugdherberg

ROOMS

casa de câmbio
wisselkantoor

ECHANGE

mala
koffer

carro
auto

idioma

Taal

sim / não

ja / nee

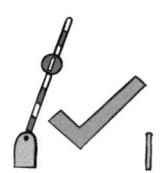

ok / certo / correto

oké

olá

hallo

intérprete

vertaler

obrigado

bedankt

quanto é que custa... ?

Hoeveel kost ...?

não entendo

Ik begrijp het niet

problema

probleem

boa noite!

Goedenavond!

Bom dia!

Goedemorgen!

Boa noite!

Goedenavond!

adeus

Tot ziens

direção

richting

bagagem

bagage

saco

zak

mochila

rugzak

convidado

gast

quarto

kamer

saco-cama

slaapzak

tenda

tent

informação turística

toeristeninformatie

praia

strand

cartão de crédito

kredietkaart

pequeno-almoço

ontbijt

almoço

lunch

jantar

avondeten

bilhete

ticket

elevador

lift

selo postal

postzegel

fronteira

grens

alfândega

douane

embaixada

ambassade

visto

visum

passaporte

paspoort

transporte

transport

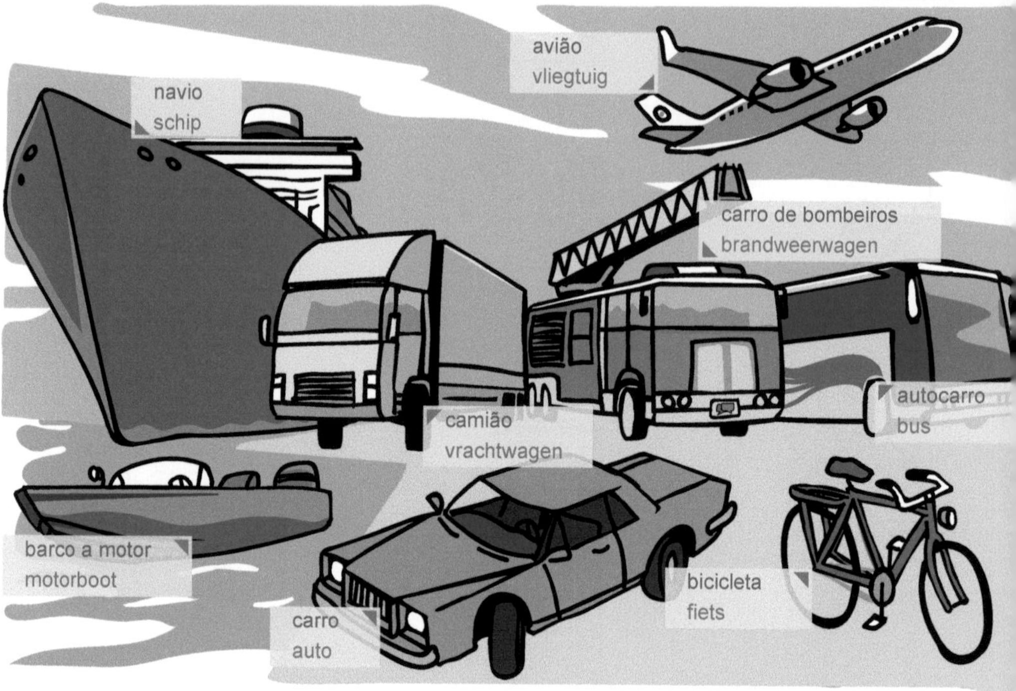
avião
vliegtuig
navio
schip
carro de bombeiros
brandweerwagen
autocarro
bus
camião
vrachtwagen
barco a motor
motorboot
bicicleta
fiets
carro
auto

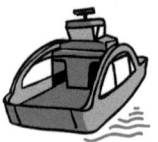

cacilheiro
veerboot

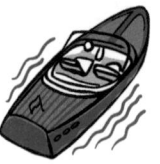

barco
boot

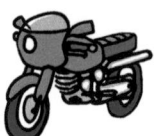

mota
motor

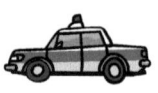

carro de polícia
politiewagen

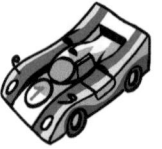

carro de corrida
racewagen

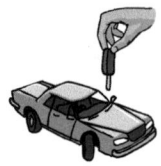

carro alugado
huurauto

carsharing

carpoolen

camião de reboque

sleepwagen

camião do lixo

vuilniswagen

motor

motor

combustível

benzine

estação de serviço

benzinestation

sinal de trânsito

verkeersbord

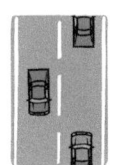

trânsito

verkeer

congestionamento de trânsito

file

parque de estacionamento

parkeerplaats

estação ferroviária

station

carris

sporen

comboio

trein

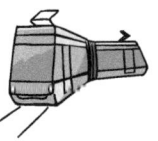

elétrico

tram

carruagem

wagon

helicóptero

helikopter

aeroporto

luchthaven

torre

toren

passageiro

passagier

contentor

container

caixa de papelão

karton

carrinho

kar

cesto

mand

levantar voo / aterrar

opstijgen / landen

cidade

stad

aldeia

dorp

centro da cidade

stadscentrum

casa

huis

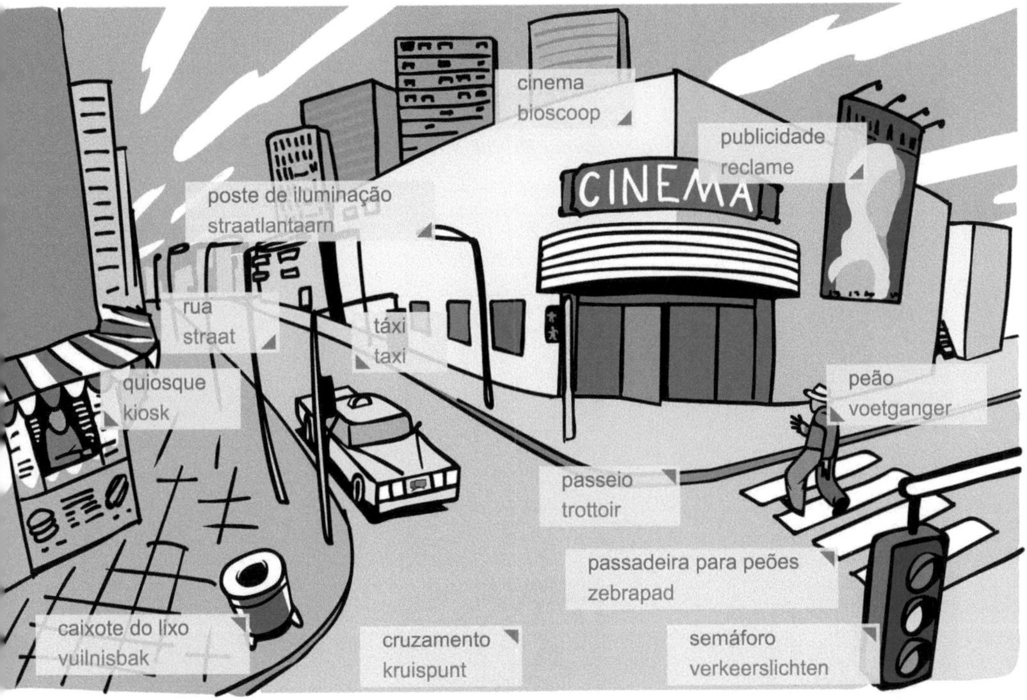

cinema
bioscoop

publicidade
reclame

poste de iluminação
straatlantaarn

CINEMA

rua
straat

táxi
taxi

peão
voetganger

quiosque
kiosk

passeio
trottoir

passadeira para peões
zebrapad

caixote do lixo
vuilnisbak

cruzamento
kruispunt

semáforo
verkeerslichten

cabana

hut

apartamento

woning

estação ferroviária

station

câmara municipal

stadshuis

museu

museum

escola

school

cidade - stad

11

universidade
universiteit

banco
bank

hospital
ziekenhuis

hotel
hotel

farmácia
apotheek

escritório
kantoor

livraria
boekwinkel

loja
winkel

florista
bloemenwinkel

supermercado
supermarkt

mercado
markt

loja de departamentos
warenhuis

peixaria
vishandelaar

centro comercial
winkelcentrum

porto
haven

parque

park

banco

bank

ponte

brug

escadas

trap

metro

metro

túnel

tunnel

paragem de autocarro

bushalte

bar

bar

restaurante

restaurant

caixa de correio

brievenbus

sinal de trânsito

straatnaambord

parquímetro

parkeermeter

jardim zoológico

zoo

piscina

zwembad

mesquita

moskee

quinta
boerderij

poluição
milieuverontreiniging

cemitério
kerkhof

igreja
kerk

parque infantil
speelplaats

templo
tempel

paisagem
landschap

folha
blad

placa de sinalização
wegwijzer

caminho
weg

prado
weide

pedra
steen

caminhantes
wandelaar

árvore
boom

rio
rivier

relva
gras

flor
bloem

vale
....
vallei

montanha
....
heuvel

lago
....
meer

floresta
....
bos

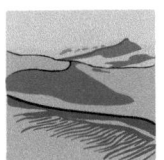

deserto
....
woestijn

vulcão
....
vulkaan

castelo
....
kasteel

arco-íris
....
regenboog

cogumelo
....
paddenstoel

palma
....
palmboom

mosquito
....
mug

mosca
....
vlieg

formiga
....
mier

abelha
....
bijl

aranha
....
spin

besouro

kever

sapo

kikker

esquilo

eekhoorn

ouriço

egel

lebre

haas

coruja

uil

pássaro

vogel

cisne

zwaan

javali

wild zwijn

veado

hert

alce

eland

barragem

dam

turbina eólica

windturbine

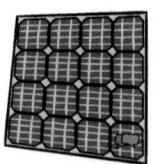

painel solar

zonnepaneel

clima

klimaat

restaurante
restaurant

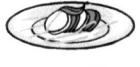

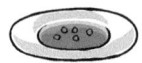

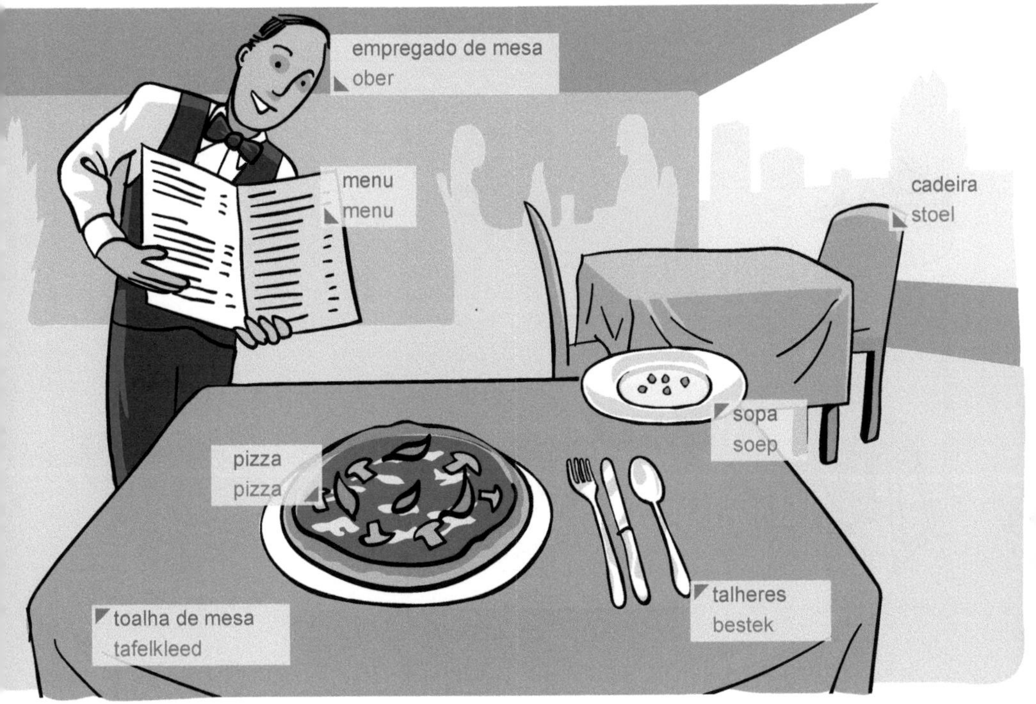
empregado de mesa
ober
menu
menu
cadeira
stoel
sopa
soep
pizza
pizza
talheres
bestek
toalha de mesa
tafelkleed

entrada

voorgerecht

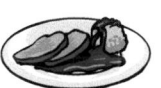

prato principal

hoofdgerecht

sobremesa

nagerecht

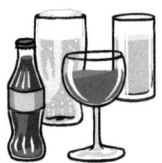

bebidas

drankjes

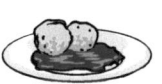

comida

eten

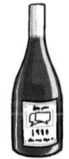

garrafa

fles

fast food
fastfood

comida de rua
street food

bule de chá
theepot

açucareiro
suikerpot

porção
portie

máquina de café expresso
espressomachine

cadeira alta
kinderstoel

conta
rekening

bandeja
dienblad

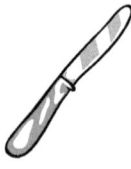

faca
mes

garfo
vork

colher
lepel

colher de chá
theelepel

guardanapo
serviette

copo
glas

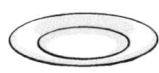

prato
bord

prato de sopa
soepbord

pires
schoteltje

molho
saus

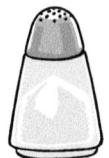

saleiro
zoutvatje

moinho de pimenta
pepermolen

vinagre
azijn

óleo
olie

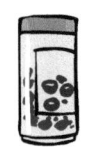

especiarias
kruiden

ketchup
ketchup

mostarda
mosterd

maionese
mayonaise

oferta especial
aanbieding

FOR

cliente
klant

laticínios
zuivelproducten

carrinho de compras
winkelwagen

fruta
fruit

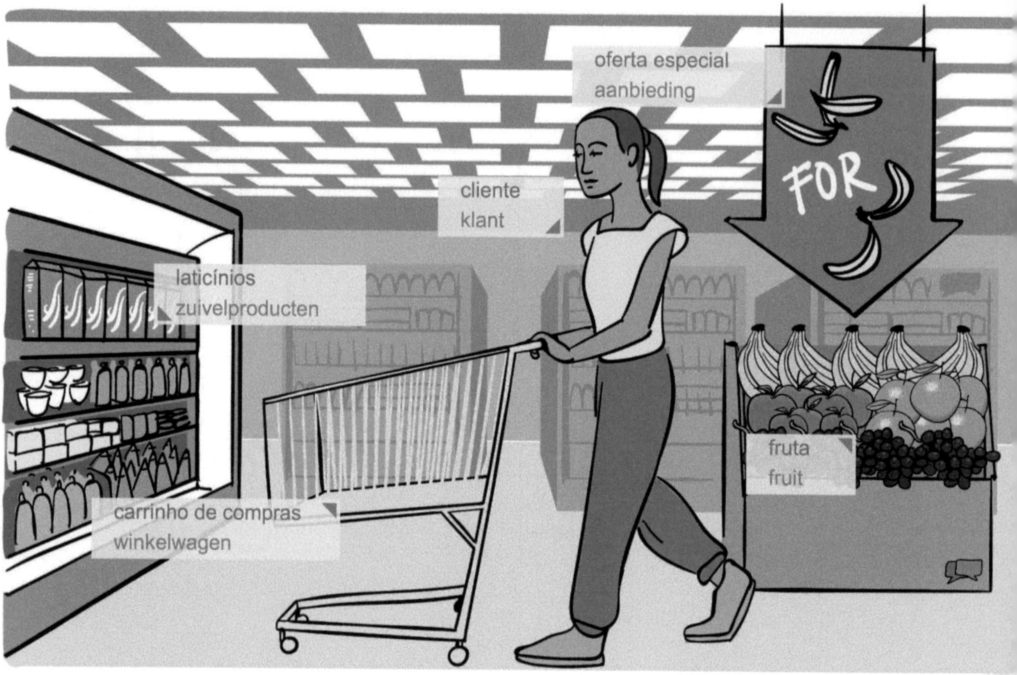

talho

slagerij

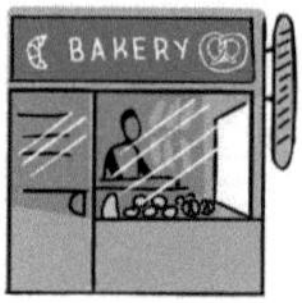

padaria

bakkerij

pesar

wegen

vegetais

groenten

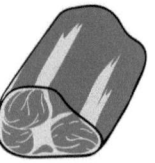

carne

vlees

alimentos congelados

diepvriesvoedsel

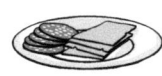

charcutaria
charcuterie

comida enlatada
conserven

detergente em pó
waspoeder

doces
snoep

artigos domésticos
huishoudproducten

produtos de limpeza
schoonmaakproducten

vendedora
verkoopster

caixa
kassa

caixa
kassier

lista de compras
boodschappenlijstje

horário de funcionamento
openingstijden

carteira
portefeuille

cartão de crédito
kredietkaart

saco
tas

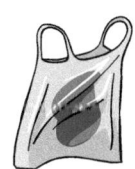

saco de plástico
plastieken zakje

água

water

sumo

sap

leite

melk

coca-cola

cola

vinho

wijn

cerveja

bier

álcool

alcohol

cacau

cacao

chá

thee

café

koffie

café expresso

espresso

capuccino

cappuccino

banana

banaan

maçã

appel

laranja

sinaasappel

melão

meloen

limão

citroen

cenoura

wortel

alho

knoflook

bambu

bamboe

cebola

ajuin

cogumelo

champignon

nozes

noten

talharim

noodles

esparguete

spaghetti

arroz

rijst

salada

salade

batatas fritas

frieten

batatas fritas

gebakken aardappelen

pizza

pizza

hambúrguer

hamburger

sanduíche

sandwich

bife panado

kalfslapje

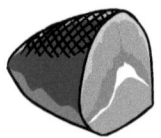

fiambre

ham

salame

salami

salsicha

worst

galinha

kip

assado

braden

peixe

vis

flocos de aveia

havervlokken

muesli

muesli

flocos de milho

cornflakes

farinha

bloem

croissant

croissant

carcaça (pãozinho)

pistolet

pão

brood

torrada

toast

biscoitos

koekjes

manteiga

boter

requeijão

kwark

bolo

taart

ovo

ei

ovo estrelado

spiegelei

queijo

kaas

gelado

ijs

açúcar

suiker

mel

honing

compota

confituur

creme de nougat

choco

caril

curry

quinta
boerderij

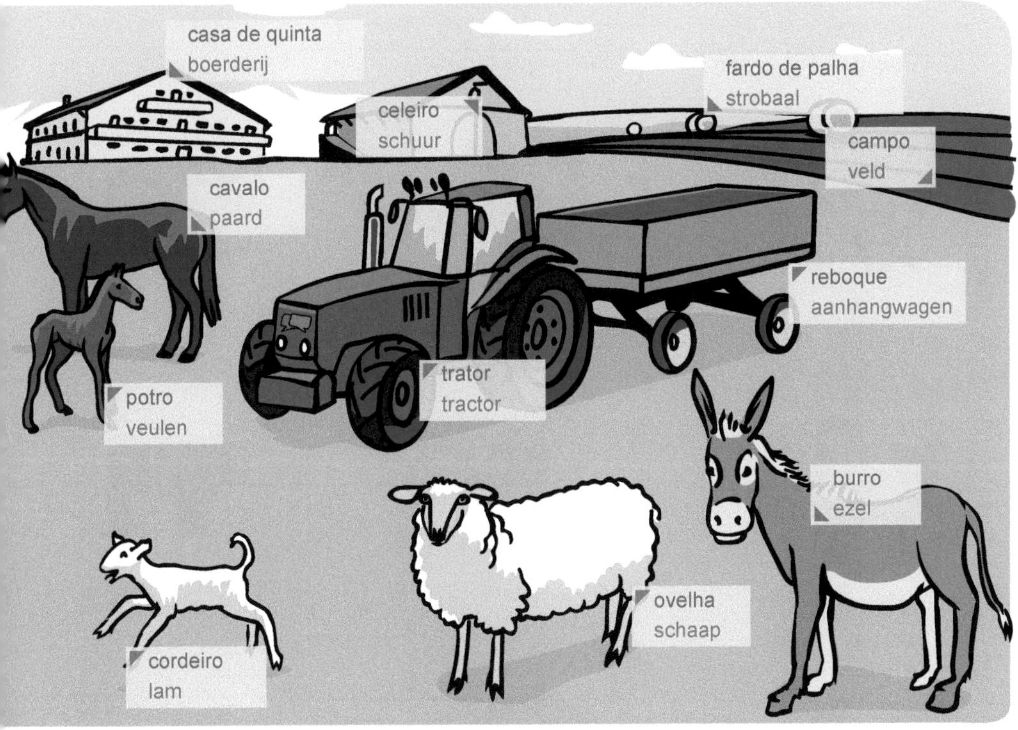

casa de quinta
boerderij
celeiro
schuur
fardo de palha
strobaal
campo
veld
cavalo
paard
reboque
aanhangwagen
trator
tractor
potro
veulen
burro
ezel
ovelha
schaap
cordeiro
lam

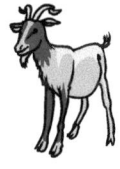

cabra

geit

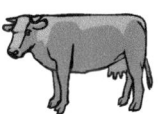

vaca

koe

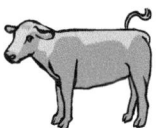

bezerro

kalf

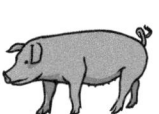

porco

varken

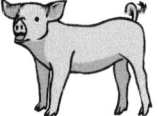

leitão

biggetje

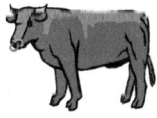

touro

stier

ganso

gans

pato

eend

pintaínho

kuiken

galinha

kip

galo

haan

ratazana

rat

gato

kat

rato

muis

boi

os

cão

hond

casota

hondenhok

mangueira de jardim

tuinslang

regador

gieter

foice

zeis

arado

ploeg

foice
sikkel

enxada
schoffel

forquilha
hooivork

machado
bijl

carrinho de mão
kruiwagen

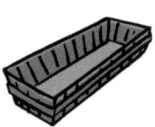

manjedoura
trog

jarro de leite
melkkan

saco
zak

cerca
hek

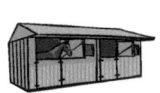

estábulo
stal

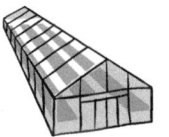

estufa
broeikas

solo
bodem

semente
zaad

fertilizante
mest

ceifeira-debulhadora
maaidorser

colher
....
oogsten

colheita
....
oogst

inhame
....
yam

trigo
....
tarwe

soja
....
soja

batata
....
aardappel

milho
....
maïs

colza
....
koolzaad

árvore de fruto
....
fruitboom

mandioca
....
maniok

cereais
....
graan

casa
huis

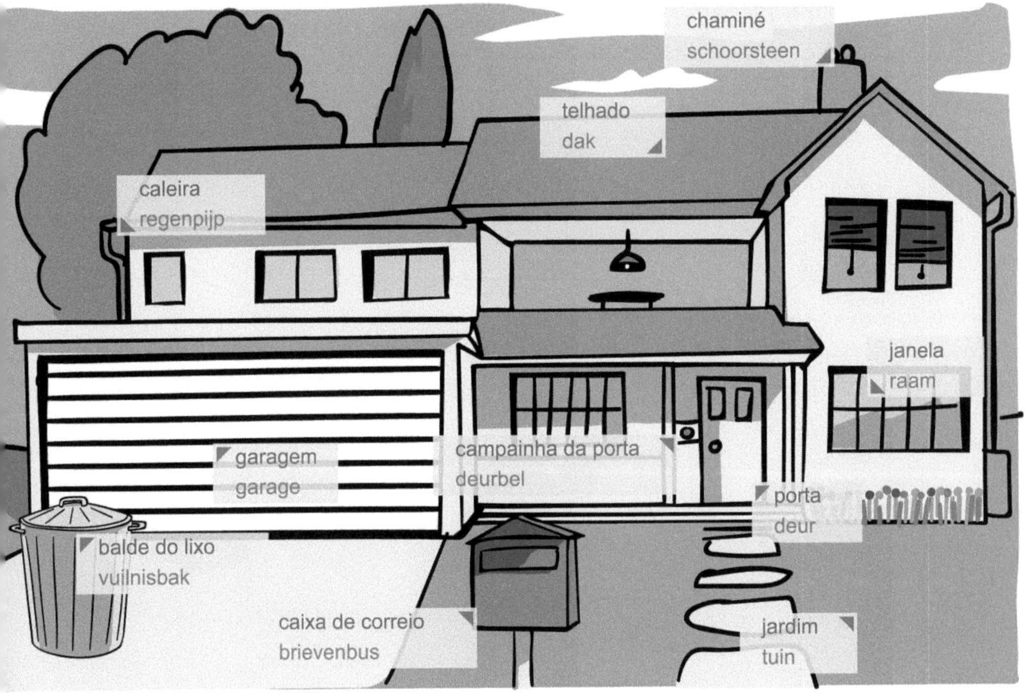
chaminé
schoorsteen
telhado
dak
caleira
regenpijp
janela
raam
garagem
garage
campainha da porta
deurbel
porta
deur
balde do lixo
vuilnisbak
caixa de correio
brievenbus
jardim
tuin

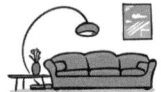

sala de estar

woonkamer

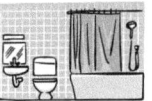

casa de banho

badkamer

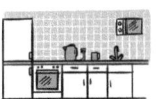

cozinha

keuken

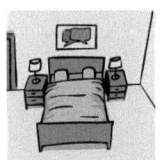

quarto de dormir

slaapkamer

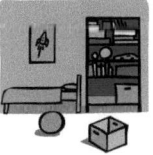

quarto de criança

kinderkamer

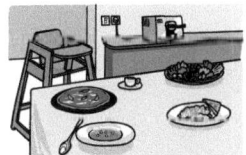

sala de jantar

eetkamer

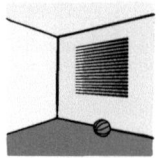

chão
vloer

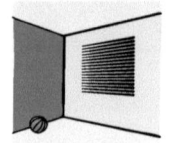

parede
muur

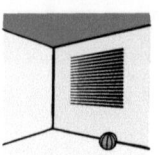

teto
plafond

cave
kelder

sauna
sauna

varanda
balkon

terraço
terras

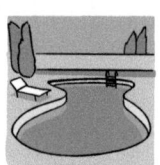

piscina
zwembad

máquina de cortar relvado
grasmaaier

lençol
dekbedovertrek

cobertor
dekbed

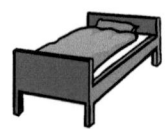

cama
bed

vassoura
bezem

balde
emmer

interruptor
schakelaar

sala de estar
woonkamer

papel de parede
behangpapier
imagem
foto
lâmpada
lamp
prateleira
schap
armário
kast
televisão
televisie
lareira
open haard
flor
bloem
almofada
kussen
sofá
sofa
vaso
vaas
controlo remoto
afstandsbediening

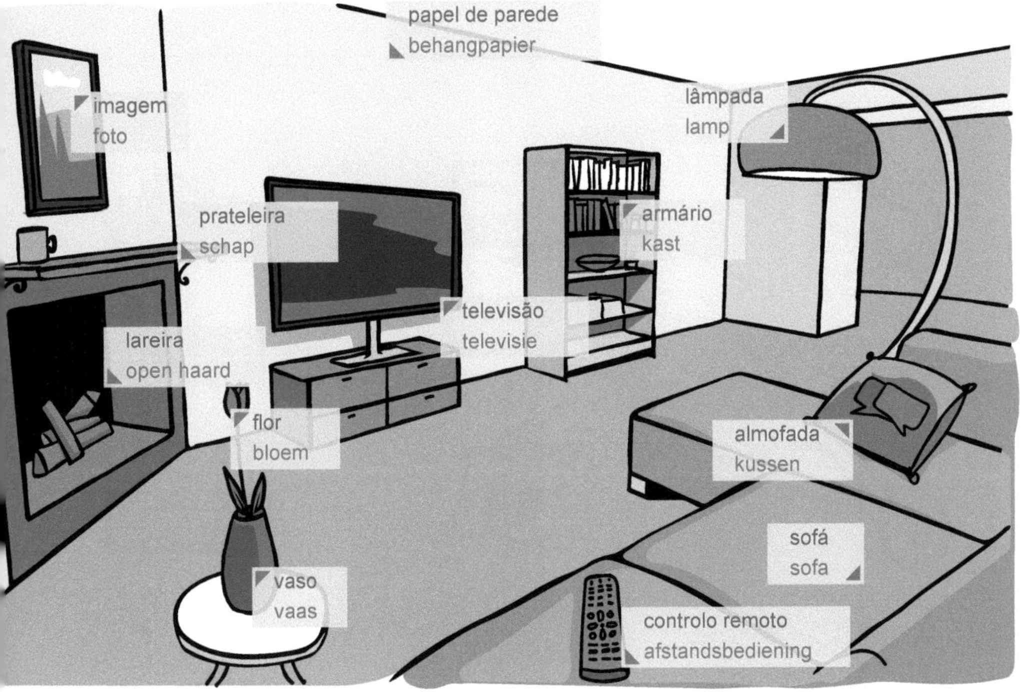

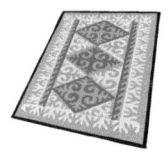

tapete

mat

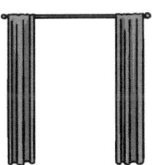

cortina

gordijn

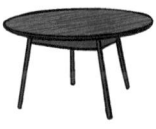

mesa

tafel

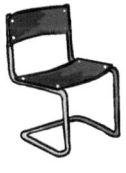

cadeira

stoel

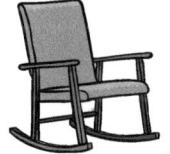

cadeira de baloiço

schommelstoel

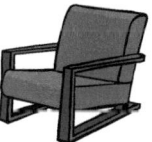

poltrona

fauteuil

livro

boek

cobertor

deken

decoração

decoratie

lenha

brandhout

filme

film

sistema estéreo

stereo-installatie

chave

sleutel

jornal

krant

pintura

schilderij

póster

poster

rádio

radio

bloco de notas

notitieboekje

aspirador

stofzuiger

cato

cactus

vela

kaars

cozinha
keuken

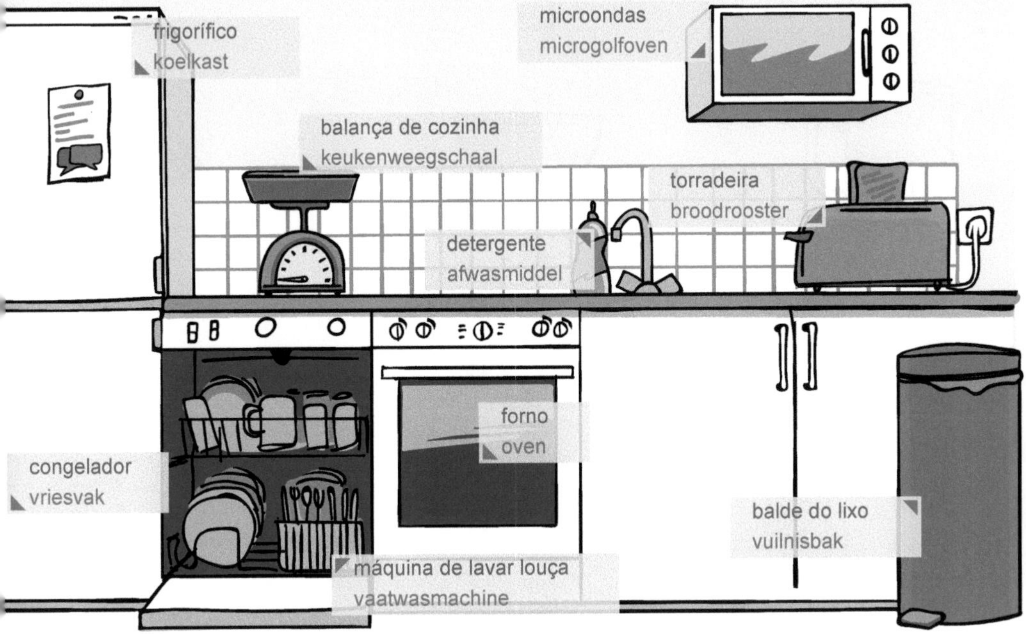

frigorífico
koelkast
microondas
microgolfoven
balança de cozinha
keukenweegschaal
torradeira
broodrooster
detergente
afwasmiddel
forno
oven
congelador
vriesvak
balde do lixo
vuilnisbak
máquina de lavar louça
vaatwasmachine

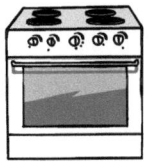

fogão

fornuis

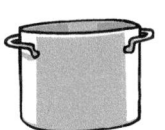

panela

pot

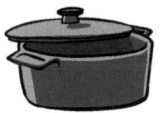

panela de ferro

gietijzeren pot

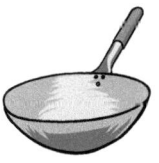

wok / kadai

wok / kadai

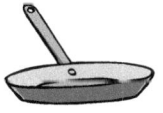

frigideira

pan

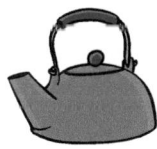

chaleira

waterkoker

panela a vapor

stoomkoker

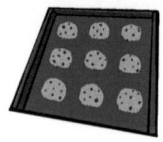

tabuleiro de forno

bakplaat

louça

servies

caneca

mok

tigela

kom

pauzinhos

eetstokjes

concha de sopa

pollepel

espátula

spatel

batedor de claras

garde

escorredor

vergiet

peneira

zeef

ralador

rasp

almofariz

mortier

churrasqueira

barbecue

lareira

haardvuur

tábua de cortar

snijplank

rolo da massa

deegrol

saca-rolhas

kurkentrekker

lata

blik

abridor de latas

blikopener

luvas de forno

pannenlap

lava-loiça

gootsteen

escova

borstel

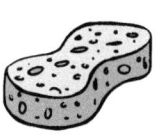

esponja

spons

liquidificador

blender

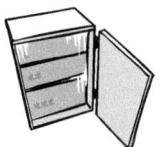

arca frigorífica

vriezer

biberão

papfles

torneira

kraan

casa de banho
badkamer

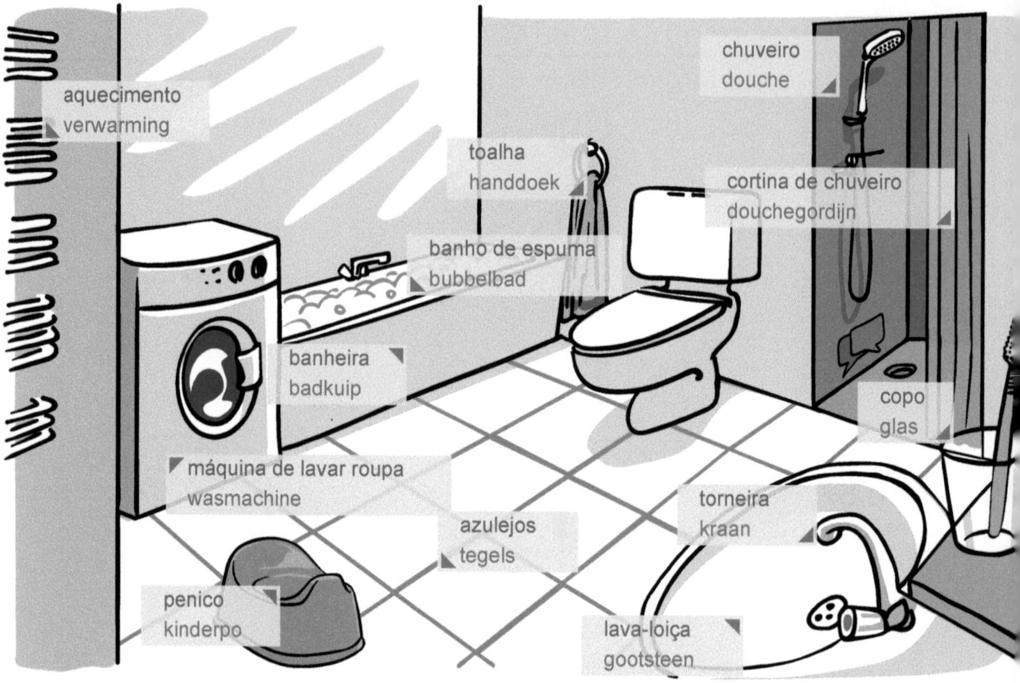

aquecimento
verwarming
chuveiro
douche
toalha
handdoek
cortina de chuveiro
douchegordijn
banho de espuma
bubbelbad
banheira
badkuip
copo
glas
máquina de lavar roupa
wasmachine
torneira
kraan
azulejos
tegels
penico
kinderpo
lava-loiça
gootsteen

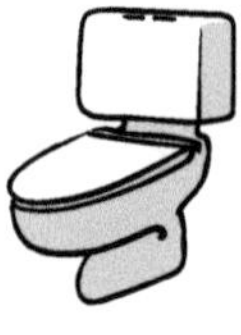

sanita

toilet

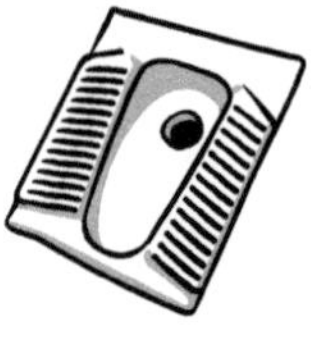

retrete turca

hurktoilet

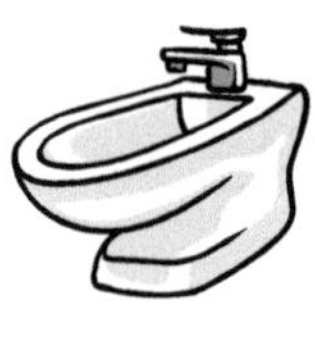

bidé

bidet

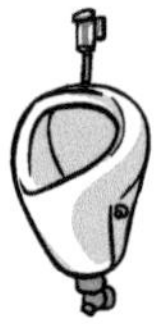

urinol

urinoir

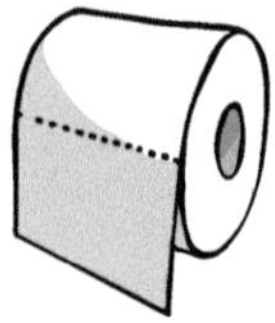

papel higiénico

toiletpapier

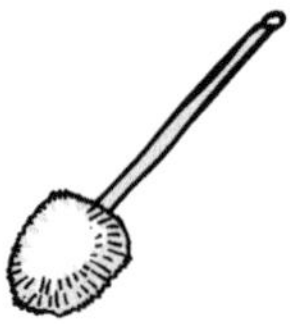

piaçaba

toiletborstel

escova de dentes
tandenborstel

pasta de dentes
tandpasta

fio dentário
flosdraad

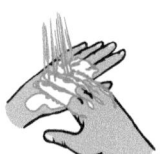

lavar
wassen

chuveiro de mão
handdouche

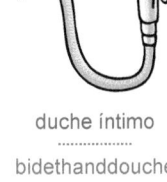

duche íntimo
bidethanddouche

bacia
waskom

escova para as costas
rugborstel

sabonete
zeep

gel de banho
douchegel

champô
shampoo

toalha de rosto
washandje

escoamento
afvoer

creme
crème

desodorizante
deodorant

espelho

spiegel

espelho de mão

handspiegel

máquina de barbear

scheermes

creme de barbear

scheerschuim

loção pós-barba

aftershave

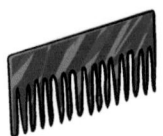

pente

kam

escova

borstel

secador de cabelo

haardroger

spray de cabelo

haarlak

maquilhagem

make-up

batom

lippenstift

verniz de unhas

nagellak

algodão

watten

tesoura para unhas

nagelknipper

perfume

parfum

nécessaire

toilettas

tamborete

kruk

balança

weegschaal

roupão de banho

badjas

luvas de borracha

latex handschoenen

tampão

tampon

penso higiénico

maandverband

WC químico

chemisch toilet

quarto de criança
kinderkamer

despertador
wekker
peluche
knuffel
carro de brincar
speelgoedauto
chocalho
rammelaar
casa de bonecas
poppenhuis
presente
geschenk

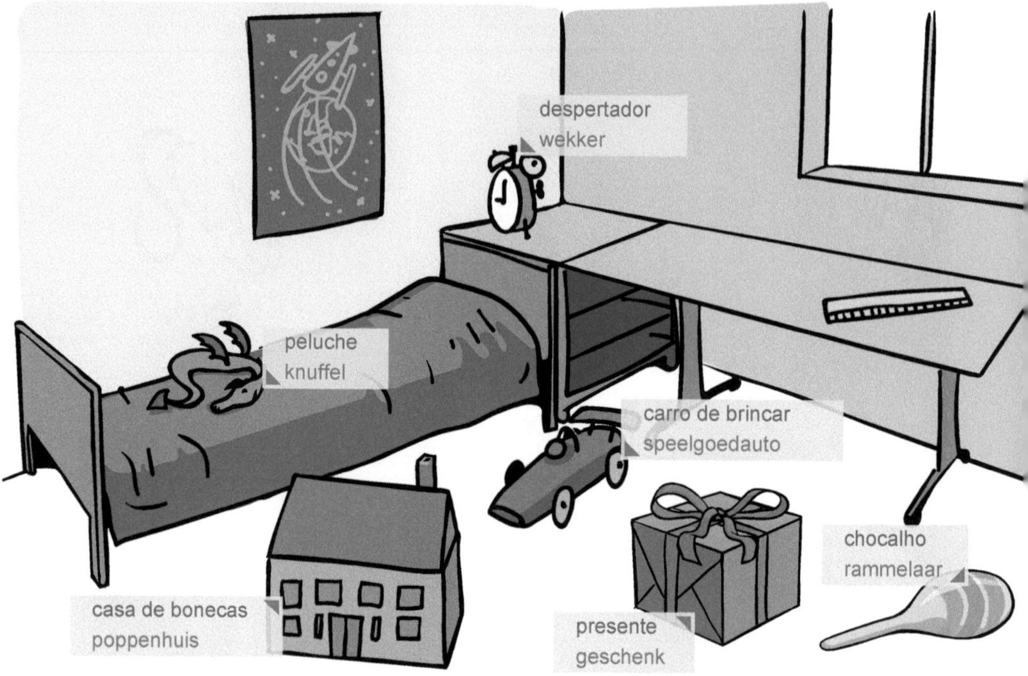

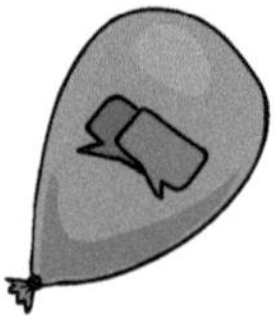

balão

ballon

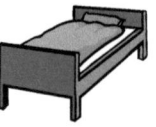

cama

bed

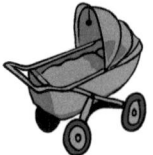

carrinho de bebé

kinderwagen

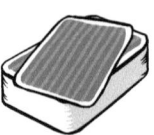

jogo de cartas

spel kaarten

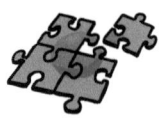

quebra-cabeças

puzzel

SUPER
MEGA

banda desenhada

stripboek

peças de Lego
legoblokjes

blocos de construção
blokken

figura de ação
actiefiguur

fato de bebé
kruippakje

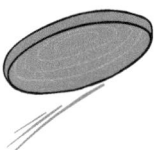

Frisbee
frisbee

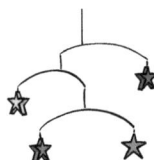

móbile para bebé
mobiel

jogo de tabuleiro
bordspel

dados
dobbelsteen

pista de comboio elétrico
modelspoorweg

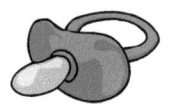

chupeta
fopspeen

festa
feest

livro ilustrado
prentenboek

bola
bal

boneca
pop

jogar
spelen

caixa de areia

zandbak

baloiço

schommel

brinquedos

speelgoed

consola de jogos

spelconsole

triciclo

driewieler

ursinho de peluche

knuffelbeer

guarda-roupa

kleerkast

vestuário
kleding

meias

sokken

meias pelo joelho

kousen

meias-calças

maillot

cachecol
sjaal

guarda-chuva
paraplu

t-shirt
T-shirt

cinto
riem

botas
laarzen

chinelos
slippers

sapatilhas
sneakers

sandálias
sandalen

sapatos
schoenen

botas de borracha
rubberlaarzen

cuecas
onderbroek

sutlã
beha

camisola interior
onderhemd

body
lichaam

calças
broek

calças de ganga
jeans

saia
rok

blusa
blouse

camisa
hemd

pulôver
trui

camisola com capuz
capuchontrui

blazer
blazer

casaco
jas

manto
jas

gabardina
regenjas

traje
kostuum

vestido
jurk

vestido de casamento
trouwjurk

fato
pak

camisa de dormir
nachthemd

pijama
pyjama

sari
sari

lenço de cabeça
hoofddoek

turbante
tulband

burca
boerka

cafetã
kaftan

abaya
abaya

fato de banho
badpak

calções de banho
zwembroek

calções
short

fato de treino
trainingspak

avental
schort

luvas
handschoenen

botão

knoop

óculos

bril

pulseira

armband

colar

ketting

anel

ring

brinco

oorbel

boné

pet

cabide

kapstok

chapéu

hoed

gravata

das

fecho de correr

rits

capacete

helm

suspensórios

bretellen

uniforme escolar

schooluniform

uniforme

uniform

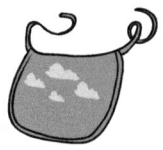

babete

slabbetje

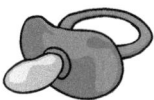

chupeta

fopspeen

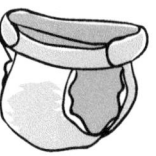

fralda

luier

escritório
kantoor

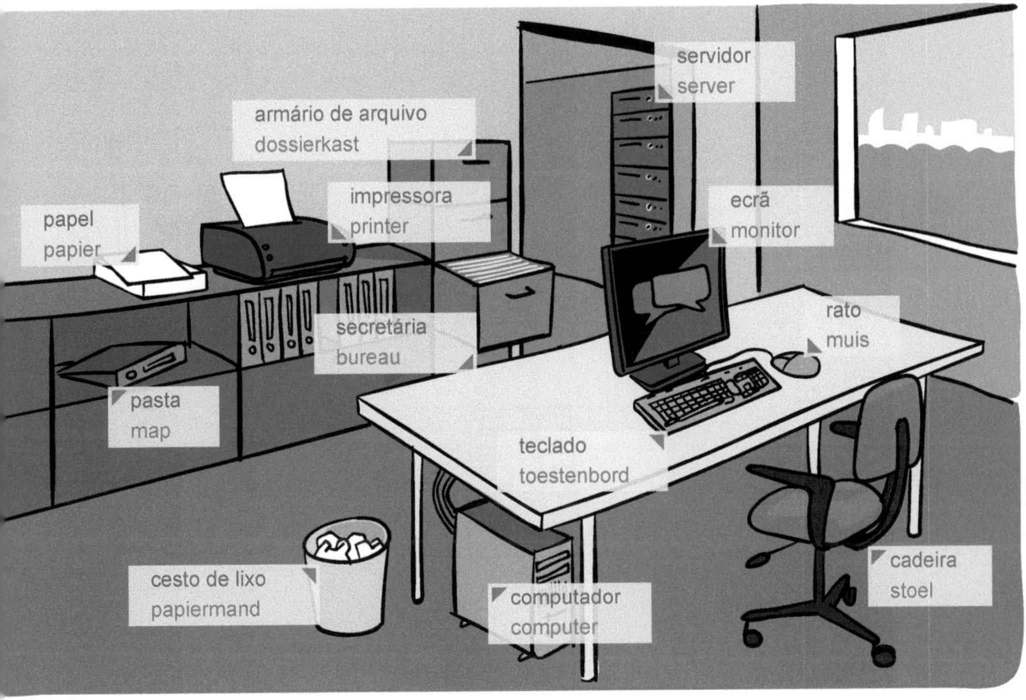
servidor
server
armário de arquivo
dossierkast
impressora
printer
papel
papier
ecrã
monitor
rato
muis
secretária
bureau
pasta
map
teclado
toestenbord
cesto de lixo
papiermand
computador
computer
cadeira
stoel

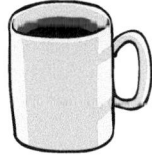

caneca de café

koffiemok

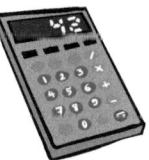

calculadora

rekenmachine

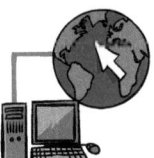

internet

internet

computador portátil

laptop

carta

brief

mensagem

bericht

telemóvel

gsm

rede

netwerk

fotocopiadora

kopieerapparaat

software

software

telefone

telefoon

tomada elétrica

stopcontact

fax

fax

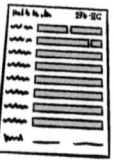

formulário

formulier

documento

document

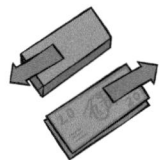

comprar

kopen

pagar

betalen

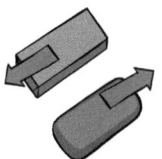

negociar

handelen

dinheiro

geld

dólar

dollar

euro

euro

yen

yen

rublo

roebel

franco suíço

Zwitserse frank

renminbi yuan

Chinese renminbi

rupia

roepie

caixa de multibanco

geldautomaat

casa de câmbio

wisselkantoor

ouro

goud

prata

zilver

petróleo

olie

energia

energie

preço

prijs

contrato

contract

imposto

belasting

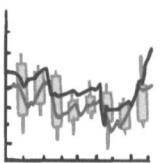

ação

aandeel

trabalhar

werken

empregado

werknemer

entidade patronal

werkgever

fábrica

fabriek

loja

winkel

agricultura - economie

profissões
beroepen

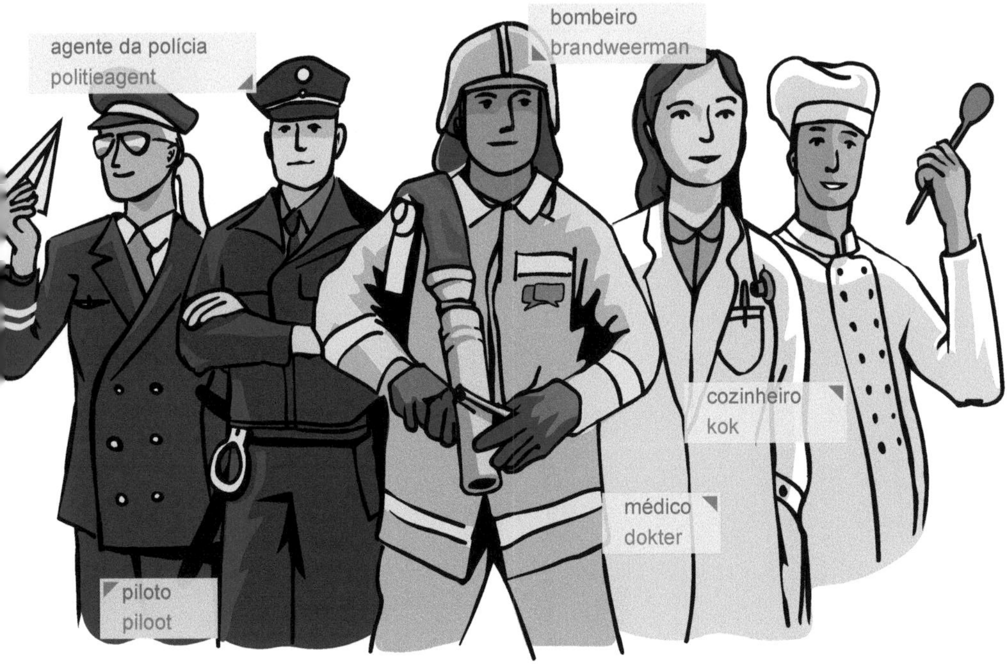

agente da polícia
politieagent
bombeiro
brandweerman
cozinheiro
kok
médico
dokter
piloto
piloot

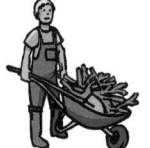

jardineiro

tuinman

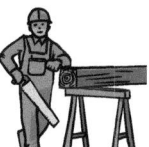

carpinteiro

timmerman

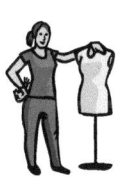

costureira

naaister

juiz

rechter

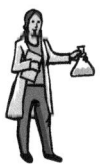

químico

chemicus

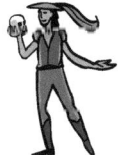

ator

acteur

motorista de autocarro

buschauffeur

motorista de táxi

taxichauffeur

pescador

visser

empregada de limpeza

schoonmaakster

telhador

dakdekker

empregado de mesa

ober

caçador

jager

pintor

schilder

padeiro

bakker

eletricista

elektricien

construtor

bouwvakker

engenheiro

ingenieur

talhante

slager

canalizador

loodgieter

carteiro

postbode

soldado

soldaat

arquiteto

architect

caixa

kassier

florista

bloemist

cabeleireiro

kapper

controlador de bilhetes

conducteur

mecânico

mecanicien

capitão

kapitein

dentista

tandarts

cientista

wetenschapper

rabino

rabbijn

imã

imam

monge

monnik

pastor

geestelijke

ferramentas
werktuigen

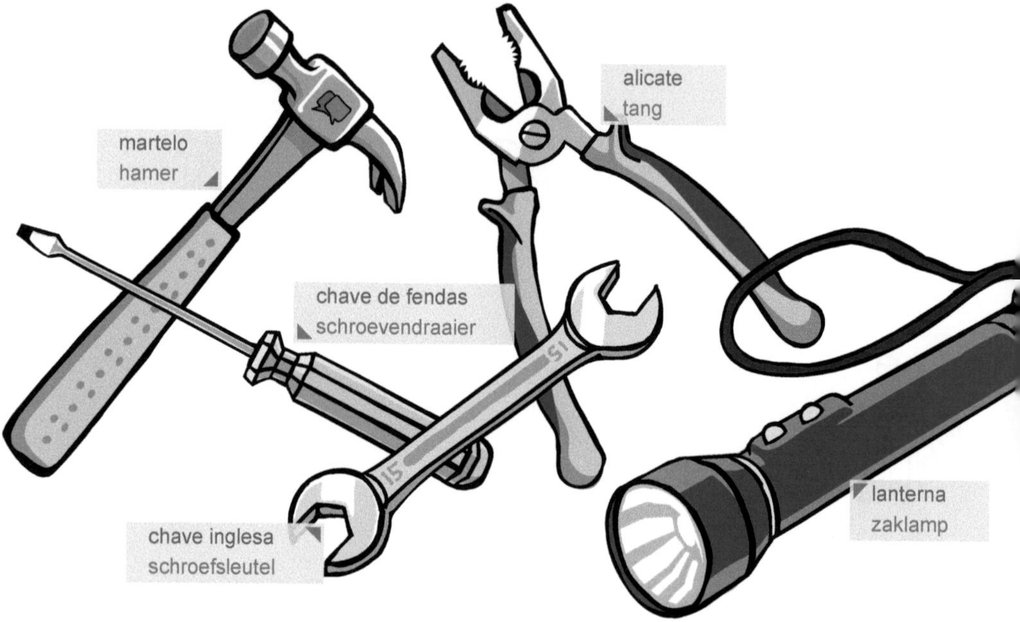
martelo
hamer
alicate
tang
chave de fendas
schroevendraaier
chave inglesa
schroefsleutel
lanterna
zaklamp

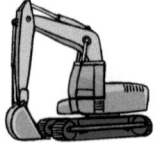

escavadora

graafmachine

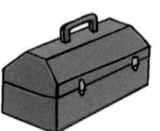

caixa de ferramentas

gereedschapskoffer

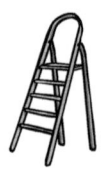

escadote

ladder

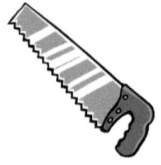

serra

zaag

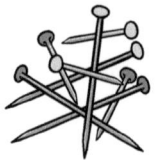

pregos

spijkers

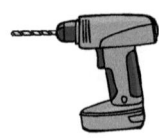

broca

boormachine

reparar
....
repareren

pá
....
schop

porcaria!
....
Verdomme!

pá de lixo
....
blik

pote de tinta
....
verfpot

parafusos
....
schroeven

instrumentos musicais

muziekinstrumenten

bateria
drumstel

altifalante
luidspreker

guitarra
gitaar

contrabaixo
contrabas

trompete
trompet

piano

piano

violino

viool

baixo

basgitaar

timbales

pauk

tambor

trommels

teclado

keyboard

saxofone

saxofoon

flauta

fluit

microfone

microfoon

jardim zoológico

zoo

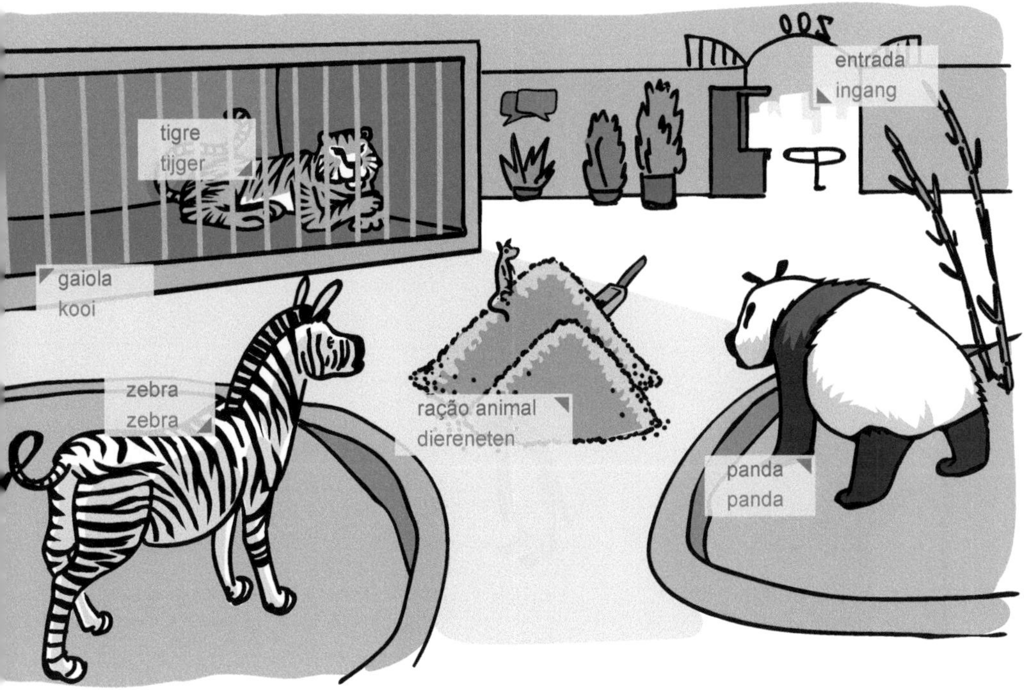

tigre
tijger
gaiola
kooi
zebra
zebra
ração animal
diereneten
entrada
ingang
panda
panda

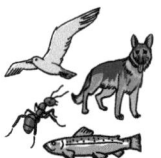

animais

dieren

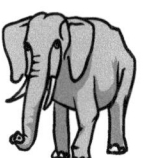

elefante

olifant

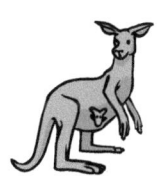

canguru

kangoeroe

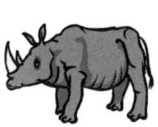

rinoceronte

neushoorn

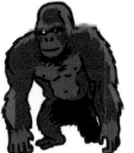

gorila

gorilla

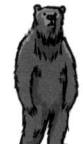

urso

beer

camelo

kameel

avestruz

struisvogel

leão

leeuw

macaco

aap

flamingo

flamingo

papagaio

papegaai

urso polar

ijsbeer

pinguim

pinguïn

tubarão

haai

pavão

pauw

cobra

slang

crocodilo

krokodil

guarda do jardim zoológico

dierenverzorger

foca

zeehond

jaguar

jaguar

pónei

pony

leopardo

luipaard

hipopótamo

nijlpaard

girafa

giraffe

águia

adelaar

javali

wild zwijn

peixe

vis

tartaruga

zeeschildpad

morsa

walrus

raposa

vos

gazela

gazelle

futebol americano
rugby

ciclismo
wielrennen

ténis
tennis

basquetebol
basketbal

natação
zwemmen

boxe
boksen

hóquei no gelo
ijshockey

futebol
voetbal

badminton
badminton

atletismo
atletiek

andebol
handbal

esqui
skiën

polo
polo

atividades
activiteiten

saltar
springen
abraçar
knuffelen
rir
lachen
andar
wandelen
cantar
zingen
sonhar
dromen
rezar
bidden
beijar
kussen

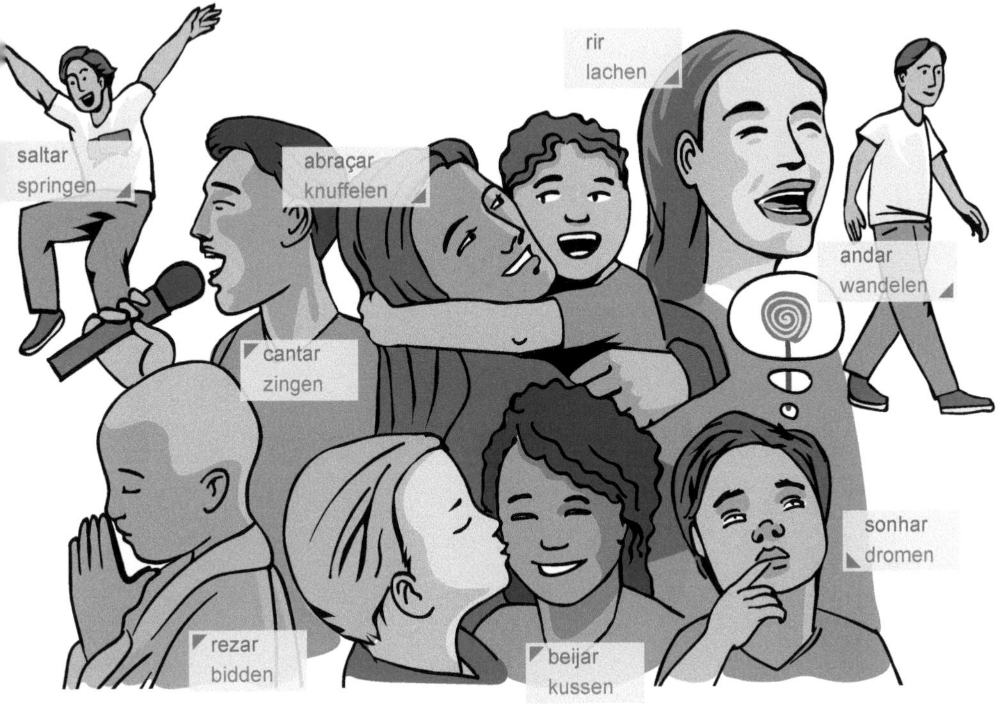

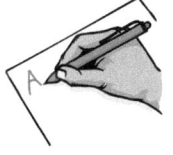

escrever
schrijven

desenhar
tekenen

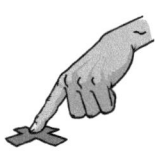

mostrar
tonen

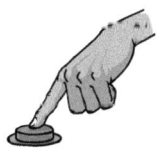

empurrar
duwen

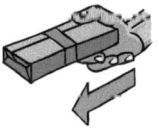

dar
geven

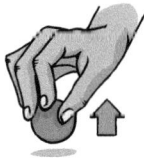

tomar
nemen

ter
hebben

fazer
doen

ser
zijn

ficar de pé
staan

correr
lopen

puxar
trekken

remessar
gooien

cair
vallen

deitar
liggen

esperar
wachten

carregar
dragen

sentar
zitten

vestir
aankleden

dormir
slapen

acordar
ontwaken

olhar para

kijken naar

chorar

wenen

acariciar

aaien

pentear

kammen

falar

praten

compreender

begrijpen

perguntar

vragen

ouvir

luisteren

beber

drinken

comer

eten

arrumar

opruimen

amar

houden van

cozinhar

koken

conduzir

rijden

voar

vliegen

velejar

zeilen

calcular

rekenen

ler

Lezen

aprender

leren

trabalhar

werken

casar

trouwen

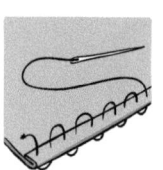

costurar

naaien

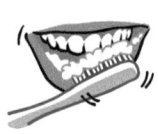

escovar os dentes

tandenpoetsen

matar

doden

fumar

roken

enviar

sturen

avó
grootmoeder

avô
grootvader

pai
vader

mãe
moeder

bebé
baby

filha
dochter

filho
zoon

convidado
gast

tia
tante

tio
oom

irmão
broer

irmã
zus

corpo
lichaam

testa
voorhoofd
olho
oog
ombro
schouder
dedo
vinger
cara
gezicht
queixo
kin
mão
hand
peito
borst
perna
been
braço
arm

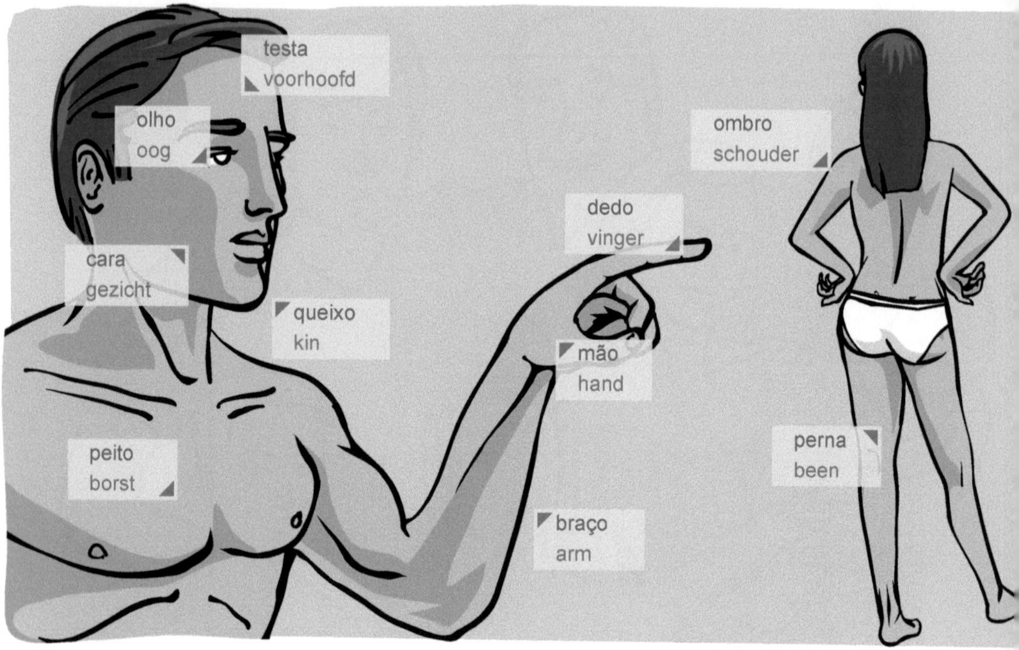

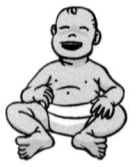

bebé

baby

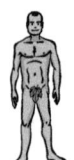

homem

man

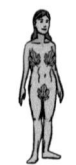

mulher

vrouw

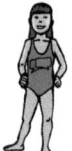

menina

meisje

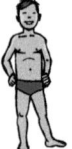

menino

jongen

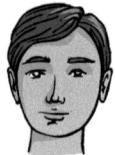

cabeça

hoofd

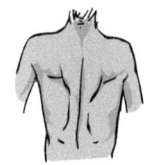

costas
rug

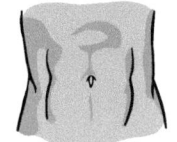

barriga
buik

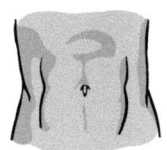

umbigo
navel

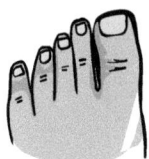

dedo do pé
teen

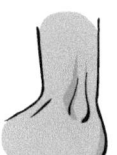

calcanhar
hiel

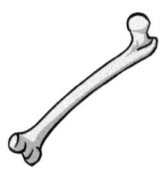

osso
bot

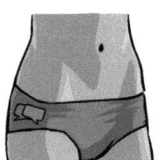

anca
heup

joelho
knie

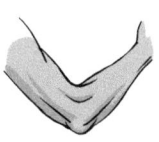

cotovelo
elleboog

nariz
neus

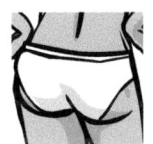

nádegas
zitvlak

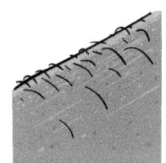

pele
huid

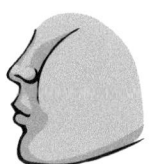

bochecha
wang

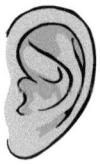

orelha
oor

lábio
lip

boca

mond

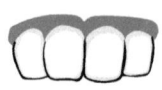

dente

tand

língua

tong

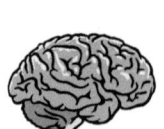

cérebro

hersenen

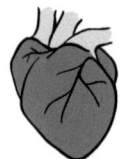

coração

hart

músculo

spier

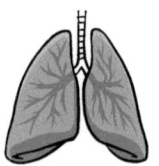

pulmão

long

fígado

lever

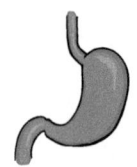

estômago

maag

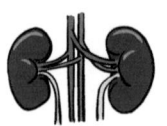

rins

nieren

relações sexuais

seks

preservativo

condoom

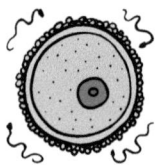

óvulo

eicel

esperma

sperma

gravidez

zwangerschap

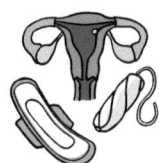

menstruação

menstruatie

vagina

vagina

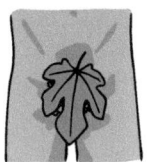

pénis

penis

sobrancelha

wenkbrauw

cabelo

haar

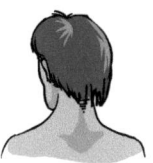

pescoço

nek

hospital
ziekenhuis

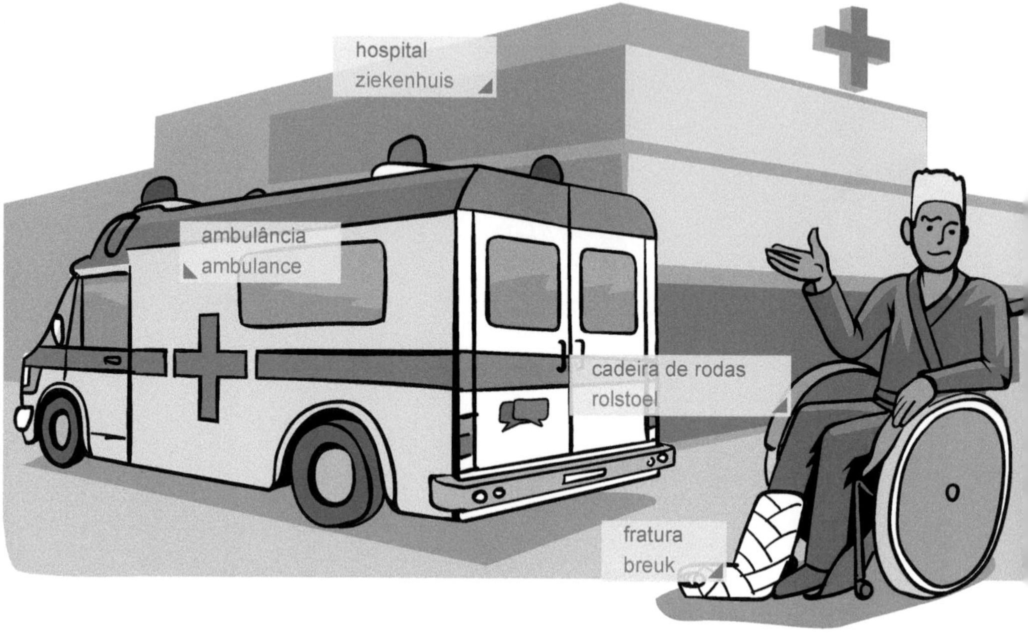

hospital
ziekenhuis
ambulância
ambulance
cadeira de rodas
rolstoel
fratura
breuk

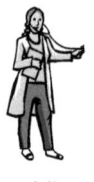

médico

dokter

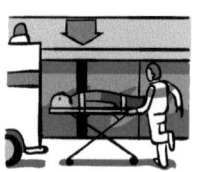

serviço de urgências

spoed

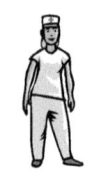

enfermeira

verpleegkundige

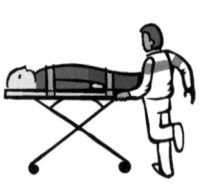

emergência

noodgeval

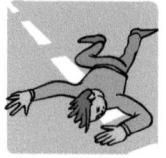

inconsciente

bewusteloos

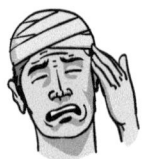

dor

pijn

ferimento
verwonding

hemorragia
bloeding

ataque cardíaco
hartaanval

cidente vascular cerebral

beroerte

alergia
allergie

tosse
hoest

febre
koorts

gripe
griep

diarreia
diarree

dor de cabeça
hoofdpijn

cancro
kanker

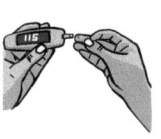

diabetes
diabetes

cirurgião
chirurg

bisturi
scalpel

operação
operatie

CT

CT

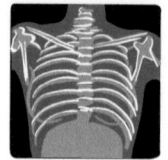

raio x

röntgenstraal

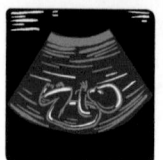

ultrassom

ultrageluid

máscara

gezichtsmasker

doença

ziekte

sala de espera

wachtkamer

muleta

kruk

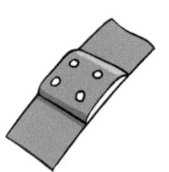

penso rápido

pleister

ligadura

verband

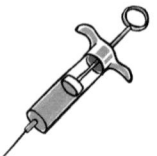

injeção

injectie

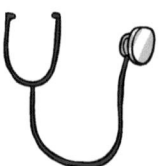

estetoscópio

stethoscoop

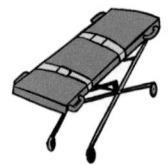

maca

brancard

termómetro

thermometer

nascimento

geboorte

excesso de peso

overgewicht

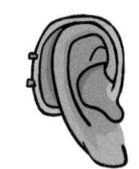

aparelho auditivo
hoorapparaat

desinfetante
ontsmettingsmiddel

infeção
infectie

vírus
virus

HIV / SIDA
HIV / AIDS

medicamento
medicijn

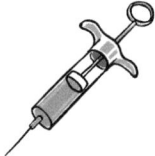

vacinação
vaccinatie

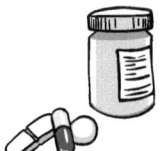

comprimidos
tabletten

pílula
pil

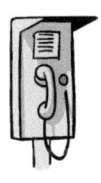

chamada de emergência
noodoproep

dispositivo de medição de
pressão arterial
bloeddrukmeter

doente / saudável
ziek / gezond

Socorro!

Help!

alarme

alarm

assalto

overval

ataque

aanval

perigo

gevaar

saída de emergência

nooduitgang

Fogo!

Brand!

extintor de incêndios

brandblusser

acidente

ongeval

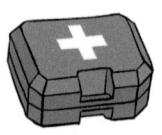

estojo de primeiros socorros

EHBO-kit

SOS

SOS

polícia

politie

Europa

Europa

América do Norte

Noord-Amerika

América do Sul

Zuid-Amerika

África

Afrika

Ásia

Azië

Austrália

Australië

Atlântico

Atlantische Oceaan

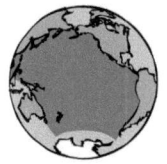

Pacífico

Stille Oceaan

Oceano Índico

Indische Oceaan

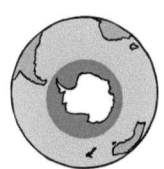

Oceano Antártico

Antarctische Oceaan

Oceano Ártico

Arctische Oceaan

Polo Norte

Noordpool

Polo Sul

Zuidpool

Antártica

Antarctica

terra

aarde

país

land

mar

zee

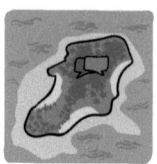

ilha

eiland

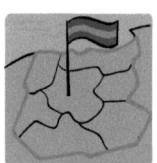

nação

natie

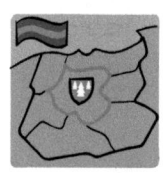

estado

staat

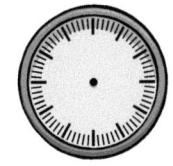

mostrador do relógio
wijzerplaat

ponteiro das horas
uurwijzer

ponteiro dos minutos
minuutwijzer

ponteiro dos segundos
secondewijzer

Que horas são?
Hoe laat is het?

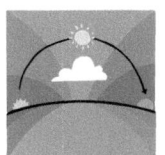

dia
dag

tempo
tijd

agora
nu

relógio digital
digitale horloge

minuto
minuut

hora
uur

semana
week

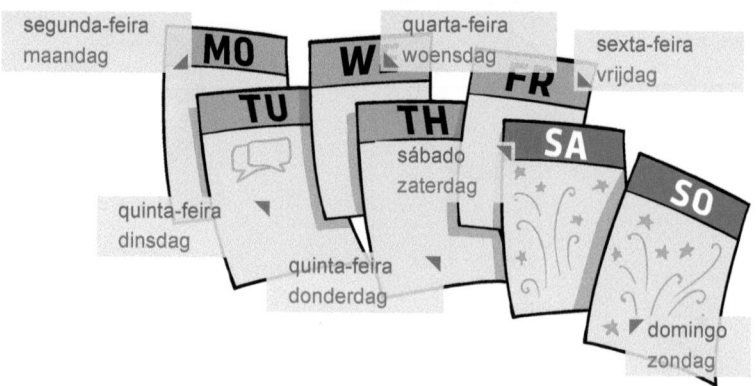

ontem
....
gisteren

hoje
....
vandaag

amanhã
....
morgen

manhã
....
ochtend

meio-dia
....
middag

entardecer
....
avond

MO	TU	WE	TH	FR	SA	SU
1	2	3	4	5	6	7
8	9	10	11	12	13	14
15	16	17	18	19	20	21
22	23	24	25	26	27	28
29	30	31	1	2	3	4

dias úteis
....
werkdagen

MO	TU	WE	TH	FR	SA	SU
1	2	3	4	5	6	7
8	9	10	11	12	13	14
15	16	17	18	19	20	21
22	23	24	25	26	27	28
29	30	31	1	2	3	4

fim de semana
....
weekend

ano

jaar

chuva
regen
arco-íris
regenboog
neve
sneeuw
vento
wind
primavera
lente
outono
herfst
verão
zomer
inverno
winter

4.APRIL 11°
5.APRIL 4°
6.APRIL 13°
7.APRIL 8°
8.APRIL 10°

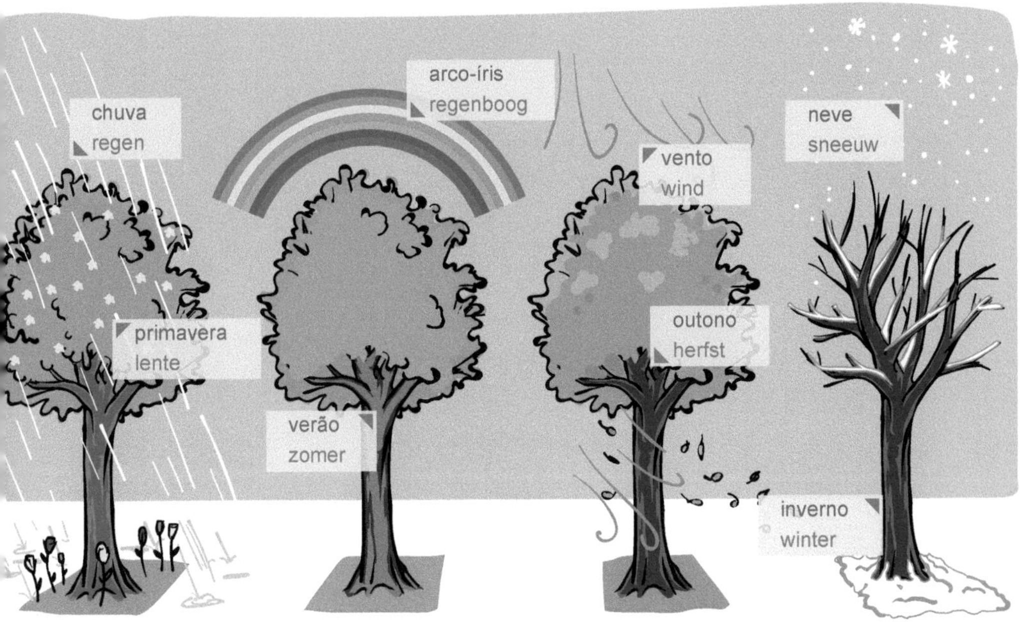

previsão do tempo

weervoorspelling

F
C
120
90
60
30
0
-30
40
30
20
10
0
-10
-20

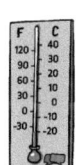

termómetro

thermometer

raios de sol

zonneschijn

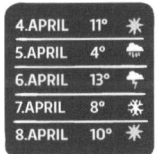

nuvem

wolk

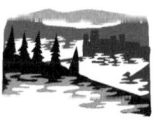

neblina / nevoeiro

mist

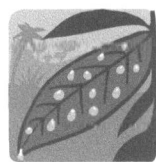

humidade do ar

vochtigheid

relâmpago

bliksem

trovão

donder

tempestade

storm

granizo

hagel

monção

moesson

inundação

overstroming

gelo

ijs

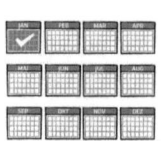

janeiro

januari

fevereiro

februari

março

maart

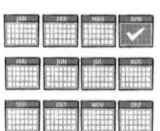

abril

april

maio

mei

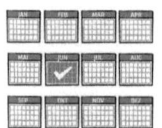

junho

juni

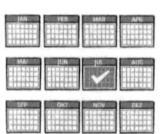

julho

juli

agosto

augustus

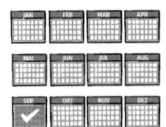

setembro
september

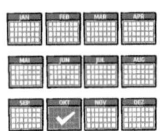

outubro
oktober

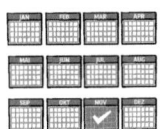

novembro
november

dezembro
december

formas
vormen

círculo
cirkel

quadrado
kwadraat

retângulo
rechthoek

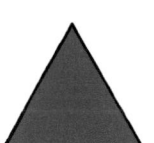

triângulo
driehoek

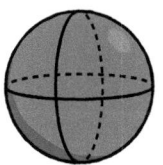

esfera
bol

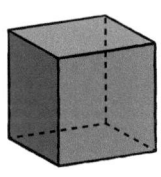

cubo
kubus

branco

wit

amarelo

geel

laranja

oranje

rosa

roze

vermelho

rood

lilás

paars

azul

blauw

verde

groen

castanho

bruin

cinzento

grijs

preto

zwart

muito / pouco

veel / weinig

furioso / calmo

boos / kalm

lindo / feio

mooi / lelijk

princípio / fim

begin / einde

grande / pequeno

groot / klein

claro / escuro

licht / donker

irmão / irmã

broer / zus

limpo / sujo

proper / vuil

completo / incompleto

volledig / onvolledig

dia / noite

dag / nacht

morto / vivo

dood / levend

largo / estreito

breed / smal

comestível / não comestível

eetbaar / oneetbaar

mau / gentil

kwaadaardig / vriendelijk

entusiasmado / entediado

opgewonden / verveeld

gordo / magro

dik / dun

primeiro / último

eerst / laatst

amigo / inimigo

vriend / vijand

cheio / vazio

vol / leeg

duro / macio

hard / zacht

pesado / leve

zwaar / licht

fome / sede

honger / dorst

doente / saudável

ziek / gezond

ilegal / legal

illegaal / legaal

inteligente / burro

intelligent / dom

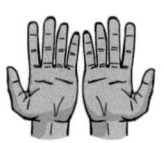

esquerda / direita

links / rechts

perto / longe

dichtbij / veraf

novo / usado

nieuw / gebruikt

nada / algo

niets / iets

velho / jovem

oud / jong

ligado / desligado

aan / uit

aberto / fechado

open / dicht

baixo / alto

stil / luid

rico / pobre

rijk / arm

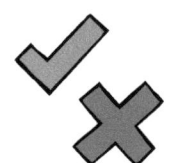

certo / errado

juist / fout

áspero / liso

ruw / glad

triste / feliz

droevig / blij

curto / longo

kort / lang

lento / rápido

traag / snel

molhado / seco

nat / droog

ameno / fresco

warm / koud

guerra / paz

oorlog / vrede

números

cijfers

0

zero

nul

1

um

één

2

dois

twee

3

três

drie

4

quatro

vier

5

cinco

vijf

6

seis

zes

7

sete

zeven

8

oito

acht

9

nove

negen

10

dez

tien

11

onze

elf

12

doze
twaalf

13

treze
dertien

14

catorze
veertien

15

quinze
vijftien

16

dezasseis
zestien

17

dezassete
zeventien

18

dezoito
achtien

19

dezanove
negentien

20

vinte
twintig

100

cem
honderd

1.000

mil
duizend

1.000.000

milhão
miljoen

inglês

Engels

inglês americano

Amerikaans Engels

chinês mandarim

Chinees (Mandarijn)

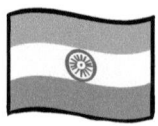

hindi

Hindi

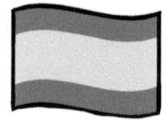

espanhol

Spaans

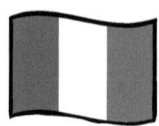

francês

Frans

árabe

Arabisch

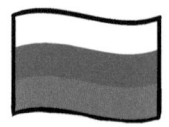

russo

Russisch

português

Portugees

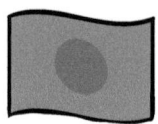

bengalês

Bengali

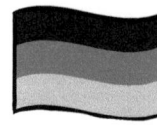

alemão

Duits

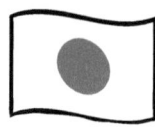

japonês

Japans

eu

ik

tu

u

ele / ela

hij / zij / het

nós

wij

vós

u

eles / elas

ze

quem?

wie?

o quê?

wat?

como?

hoe?

onde?

waar?

quando?

wanneer?

nome

naam

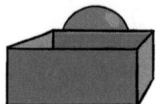

atrás

achter

em

in

à frente de

voor

sobre

boven

em cima

op

debaixo

onder

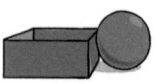

ao lado

naast

entre

tussen

lugar

plaats